HARRY S. TRUMAN

El presidente del fin
de la Segunda Guerra Mundial

Por Xavier De Weirt
En colaboración con Pierre Frankignoulle
Traducido por Marina Martín Serra

Historia en50MINUTOS.es

HARRY S. TRUMAN

- **¿Nacimiento?** El 8 de mayo de 1884 en Lamar (Misuri).
- **¿Muerte?** El 26 de diciembre de 1972 en Kansas City (Misuri).
- **¿Partido político?** El Partido Demócrata.
- **¿Fecha de las elecciones?**
  - El 12 de abril de 1945.
  - El 2 de noviembre de 1948.
- **¿Duración del mandato?** Ocho años.
- **¿Principales aportaciones?**
  - La política de contención del comunismo.
  - La reconstrucción de Europa.
  - La política para el empleo.
  - La lucha por los derechos civiles.
  - El rearme.

INTRODUCCIÓN

Harry S. Truman llega a la presidencia de los Estados Unidos tras la muerte de Franklin Delano Roosevelt (1882-1945), el 12 de abril de 1945. Este hombre humilde y discreto, que no tiene ningún título universitario, asume entonces el cargo a la cabeza de la primera potencia económica del mundo. Para los Estados Unidos, los retos que hay que superar son enormes: Harry S. Truman debe restaurar una economía de paz, silenciar las disensiones sociales y conducir a su país por el camino de la prosperidad y el bienestar social, mientras que, a nivel internacional, debe negociar el reparto del poder en el mundo con los soviéticos.

El carácter inesperado de su entrada en funciones, su baja popularidad, la envergadura de su predecesor y la importancia de los desafíos para América no le ayudan a imponerse durante los primeros años de su mandato. Su reelección en noviembre de 1948 parece un milagro, ya que las críticas recibidas son muchas. Sin embargo, gracias a su determinación y coraje político, recupera la confianza de los ciudadanos. A pesar de la complejidad de los acontecimientos a los que debe enfrentarse, el presidente adopta con firmeza medidas muy importantes que tendrán un impacto duradero en los Estados Unidos.

Truman es quien pone fin a la Segunda Guerra Mundial (1939-1945), restablece el orden social y económico y convierte a su país en un referente político, económico y cultural a nivel internacional. En enero de 1953, sin embargo, una gran parte de la sociedad estadounidense empieza a serle hostil y Truman abandona la escena política para dejar paso a Dwight David Eisenhower (1890-1969). El análisis *a posteriori* de los desafíos a los que Harry S. Truman tuvo que enfrentarse durante su presidencia ha servido para rehabilitar su figura y desde entonces es considerado uno de los presidentes más importantes del siglo XX.

BIOGRAFÍA

INFANCIA Y JUVENTUD

Retrato de Harry S. Truman.

Harry S. Truman nace el 8 de mayo de 1884 en Lamar, Misuri.

Sus padres, agricultores, se establecen cuatro años más tarde en Independence, un pueblo de unos 6000 habitantes. El joven Harry pasa su infancia en un ambiente apacible y muy tradicionalista.

En Independence, Harry asiste a una escuela más urbanizada y su padre se aventura en el mercado financiero. Pronto, sin embargo, este último se arruina después de especular con el precio del trigo, haciendo que se disipen todas las esperanzas de la familia. Entonces, esta se traslada a Kansas City, la ciudad más grande que hay en los alrededores.

En la escuela, Harry S. Truman es un estudiante promedio. Poco integrado debido a un problema ocular pronunciado, trata de destacar en lectura y música, pero realmente no brilla en ninguna de estas áreas.

Retrato de Harry S. Truman cuando tenía 13 años.

A principios de los años 1900, no puede entrar en la escuela secundaria, y abandona la idea de una carrera militar debido a su mala visión. Renunciando definitivamente a los estudios, multiplica los pequeños trabajos, primero como obrero y, a continuación, como empleado de banco. También entra en la National Guard (Ejército de Reserva).

En 1906, cuando Harry tiene 22 años, los Truman son llamados de nuevo para trabajar en la granja familiar. Durante diez años, este trabaja como agricultor y se aventura en la prospección de petróleo y de metales.

PRIMERA GUERRA MUNDIAL Y ENTRADA EN LA VIDA POLÍTICA

En 1917, Truman entra voluntariamente en el ejército después de que los Estados Unidos se unan a los Aliados en la Primera Guerra Mundial (1914-1918). En 1918, participa en los combates en Francia en un regimiento de artillería. Con sus hombres participa —primero como teniente y después como capitán— en el Cuerpo Expedicionario estadounidense en los Vosgos (1917-1919) y en la batalla de Mosa-Argona (septiembre-noviembre de 1918).

Harry S. Truman en uniforme militar.

De vuelta en los Estados Unidos en 1919, se casa con su amiga de la infancia Elisabeth Virginia Wallace (1885-1982), más comúnmente conocida como Bess, y abre un negocio de ropa con uno de sus colegas del ejército. No obstante, el negocio quiebra y Truman se queda sin trabajo.

A principios de los años veinte, Truman conoce la poderosa familia Pendergast, que controla la vida política en el condado de Jackson (Misuri). Los Pendergast, que buscan un representante demócrata para las zonas rurales de la entidad de Jackson, le proponen a Harry S. Truman que se presente a las elecciones de este condado de Misuri. Entonces, este último se une al Partido Demócrata y entra así en política. Elegido en 1923 como administrador del distrito, durante los años siguientes logra subir la escalera de la jerarquía local ocupándose activamente de la gestión del condado. A través de su trabajo de renovación de las infraestructuras públicas, se convierte en un político popular y poco a poco va ganando influencia.

HARRY S. TRUMAN, SENADOR

En 1934, con 50 años, Harry S. Truman tiene la oportunidad de dar un nuevo impulso a su carrera política. Apoyado en el plano financiero por la familia Pendergast, aspira al puesto de senador demócrata del Estado de Misuri, que acaba obteniendo. Entonces, Truman se convierte en miembro del Senado y se instala en Washington. Hasta el inicio de la Segunda Guerra Mundial, sigue siendo un peón discreto pero eficaz dentro del partido dirigido por Franklin Delano Roosevelt. Aunque Franklin Roosevelt le da poca importancia, Truman encuentra la oportunidad de iniciarse en los asuntos socioeconómicos. Durante su primer mandato, es un firme partidario de la política del New Deal.

En octubre de 1929, un crac bursátil sacude Wall Street, provocando la peor crisis económica del siglo XX que, por efecto dominó, enseguida se propaga por el resto del mundo. De la noche a la mañana, millones de estadounidenses se quedan sin hogar, sin trabajo ni ingresos; la economía mundial está exangüe.

Elegido en 1933, el demócrata Franklin Delano Roosevelt desarrolla la política del New Deal —inspirada en una teoría del economista británico John Maynard Keynes (1883-1946)— para reactivar la economía. Se trata de una política intervencionista en la que el Estado interviene para luchar contra la pobreza y apoyar a las empresas:

- por un lado, el Estado americano financia grandes proyectos de construcción (puentes, carreteras, etc.) con el fin de reactivar la producción de las empresas y de volver a darle trabajo a la población;
- por el otro, apoya el consumo concediendo seguros de desempleo, que impulsan la actividad de las empresas e impiden que la población quede sumida en la miseria.

Los efectos de estas medidas son positivos en parte porque, aunque la producción aumenta de nuevo, el desempleo sigue siendo alto. Este control económico se extiende desde el comienzo de las hostilidades en Europa para financiar la economía de guerra, lo que rápidamente acaba con el paro. Toda la nación estadounidense —incluyendo muchas mujeres— participa en la producción de armas, que conduce a un enriquecimiento muy importante para el país. Sin embargo, las cualidades ante todo sociales y solidarias del New Deal nunca convencerán a la gran patronal de los Estados Unidos, que quiere dejar que el mercado se regule a sí mismo sin la intervención del Estado. Así pues, se oponen tradicionalmente un Partido Demócrata más abierto a las reformas sociales, y un Partido Republicano que defiende la libertad de empresa.

En ese momento, Harry S. Truman participa activamente en varias comisiones para controlar los gastos del Gobierno y se convierte en un colaborador indispensable. Sin embargo, la detención de Thomas Joseph Pendergast (1873-1945) por fraude en 1939 empaña un poco la reputación de Truman, considerado durante un tiempo como la creación política de un bandido. Sin embargo, es reelegido senador en 1940 y es nombrado por Franklin Roosevelt para encabezar una comisión encargada de controlar los gastos en materia de defensa.

Cuando los Estados Unidos entran en guerra en 1941, Truman participa en la gestión de la economía de guerra. Es responsable de investigar el uso de los créditos asignados a la producción militar y de perseguir el fraude. De esta manera, logra que los Estados Unidos ahorren miles de millones de dólares, y esto aumenta su popularidad.

EN CAMINO A LA PRESIDENCIA

Mientras Franklin Delano Roosevelt se dirige hacia un cuarto mandato presidencial, algo excepcional en la historia de los Estados Unidos, y se prepara para las elecciones de 1944, su salud se deteriora drásticamente. La idea de que no sobrevivirá a esta prueba circula en los círculos políticos. La vicepresidencia está ocupada entonces por Henry Agard Wallace (1888-1965), un demócrata cuyas ideas son consideradas demasiado liberales en el entorno del presidente. Por lo tanto, las grandes figuras del Partido Demócrata se niegan categóricamente a que Wallace se convierta en presidente si Roosevelt fallece.

Entonces, tras un acuerdo, Harry S. Truman es nombrado vicepresidente y hace campaña al lado de Roosevelt.

Cartel de Franklin D. Roosevelt y Harry S. Truman para las elecciones de 1944.

Truman ejerce este cargo hasta el 12 de abril de 1945, cuando fallece el presidente. Puesto que la Constitución del país establece que, en caso de fuerza mayor, el vicepresidente es quien tiene que asegurar la continuidad del poder, Harry S. Truman se convierte en el 33.º presidente de los Estados Unidos cuando está a punto de cumplir 61 años.

CONTEXTO POLÍTICO, SOCIAL Y ECONÓMICO

UNA COYUNTURA ECONÓMICA EXCEPCIONAL

A nivel socioeconómico, la fase de transición de los años de Truman marca la entrada del mundo occidental en una situación económica excepcional. En 1945, los Estados Unidos adquieren el rango de superpotencia que domina el mundo en el plano económico, político, militar y cultural. La producción de guerra es tal que, a partir de 1941, implica un enriquecimiento considerable de la renta per cápita media (+ 47 %). El producto nacional bruto del país pasa así de 227 200 millones de dólares en 1940 a 355 300 millones en 1945. La posición geográfica de América y su entrada tardía en el conflicto limitan las pérdidas materiales y humanas y dejan su territorio completamente inviolado.

Gracias a esto, el país logra proporcionar el 50 % de la producción industrial mundial y su poder militar es inigualable. Los estadounidenses poseen, en efecto, la primera flota mundial, la aviación más eficiente y un ejército terrestre muy bien equipado. Además, son los únicos que poseen el arma atómica, lo que les confiere una supremacía militar indiscutible.

En 1945, los estadounidenses poseen dos tercios de las reservas mundiales de oro y, desde los Acuerdos de Bretton Woods de 1944, el dólar sustituye a la libra esterlina como moneda de cambio en las transacciones internacionales.

A nivel cultural, la música, la literatura y el cine estadounidense cuentan con una gran difusión en los territorios liberados.

EL DESCONTENTO EN LA POSGUERRA

Después del conflicto, los Estados Unidos deben convertir su sociedad de guerra en una sociedad de paz. Esto implica la reconversión de la economía planificada en una economía de mercado, y la sociedad tiene muchas expectativas de vivir una época más floreciente que en el pasado.

También hay que organizar el retorno de los 12 millones de combatientes que se encuentran en el extranjero, que están ansiosos por reencontrarse con sus familias. Estos hombres, mayoritariamente jóvenes, representan casi el 10 % de la población de los Estados Unidos en 1945. Muchos fueron a la guerra en contra de su voluntad, sin titulación y sin trabajo, y una gran parte de ellos procede de la comunidad negra y de las clases menos favorecidas de los Estados Unidos. Su regreso parece que será complicado de gestionar para el Gobierno, que deberá enfrentarse a sus reivindicaciones. En el sur de los Estados Unidos, que antes era esclavista, el regreso de los soldados negros llevará a las primeras reivindicaciones en favor de los derechos civiles. Además, la reconversión de la economía implica el cierre de las fábricas de armamento, contribuyendo así a la desaceleración de la economía y conduciendo a protestas. Más concretamente, las mujeres que abandonaron sus hogares para participar en el esfuerzo de guerra esperan poder mantener su recién adquirida independencia financiera.

La situación se vuelve todavía más compleja por el hecho de que, durante la guerra, muchos ciudadanos se han enriquecido a causa del pleno empleo. Sin embargo, los racionamientos causados por la economía planificada no han permitido que estas personas disfruten de sus ingresos. Así pues, el dinero recaudado se ha depositado en cuentas de ahorro y, en 1945, la demanda de bienes de consumo se dispara en el seno de la población. Este desequilibrio entre la oferta y la demanda incita a los productores a aumentar los precios de los bienes de consumo, mientras que los salarios de los trabajadores se mantienen en el mismo nivel. Entonces, el nuevo Gobierno demócrata intenta controlar los precios, pero esto molesta a los agricultores, que venden con pérdidas, y a la gran patronal, que no apoya esta intrusión del Estado en el mundo de los negocios.

Los obreros son los primeros afectados por la aceleración del ritmo de trabajo y la disminución de su poder adquisitivo. Ante la negativa de los jefes a aumentar los salarios, una oleada de manifestaciones apoyadas por los sindicatos más grandes del país sacude los Estados Unidos a partir de septiembre de 1945 y durante el año 1946. Al mismo tiempo, un gran segmento de la población estadounidense critica estas manifestaciones, ya que el sindicalismo es poco tolerado, por ser ajeno a los valores fundamentales de los Estados Unidos.

Entonces, los políticos utilizan las críticas y los republicanos aprovechan para vilipendiar las medidas intervencionistas del Gobierno democrático. Cabe subrayar que un icono del ultraliberalismo, el economista británico Friedrich

August von Hayek (1899-1992), consigue atraer mediante sus discursos a los descontentos de las filas republicanas. Por consiguiente, durante las elecciones legislativas del 5 de noviembre de 1946, los demócratas sufren una derrota rotunda en la Cámara de Representantes y en el Senado, obligando a Harry S. Truman a realizar un peligroso reparto del poder. El presidente debe reorientar su política para estar en consonancia con el Congreso, que aprueba las leyes.

A pesar de las dificultades bien reales en el plano social, el contexto económico de los años de Truman es bastante alentador. Los Estados Unidos salen de la guerra con una clase media más numerosa, que ahora reclama el bienestar social. Sin embargo, el puritanismo imperante impide que mejoren las condiciones de vida de algunas categorías de la población, en especial de las mujeres y los afroamericanos. Aunque durante los años de la posguerra se inician movimientos de reivindicación, hay que esperar a las décadas siguientes para que surjan movimientos más organizados y para que se produzcan logros sociales reales.

UNA POBLACIÓN REJUVENECIDA EN UNA SOCIEDAD MODERNA

Mientras la reconversión de la economía está en marcha, la población se urbaniza en gran medida. Surgen fábricas en antiguas regiones agrícolas, que acarrean el desarrollo de nuevas tecnologías y la fácil contratación de la mano de obra disponible.

El automóvil y la aviación se generalizan como medios de

transporte en el territorio, y rápidamente aparecen otros productos nuevos que revolucionan la vida cotidiana de los estadounidenses, como la televisión, el frigorífico, el lavavajillas o el aire acondicionado. En este sentido, la introducción de la televisión es un hecho muy característico de este inicio de posguerra ya que, de 7000 que se compran en 1947, se pasa a 7 millones en 1950.

Debido a una mayor estabilidad económica y a la mejora generalizada de las condiciones de vida, los años de posguerra también se caracterizan por un *baby boom*. Esta importante oleada de nacimientos se traducirá, algunos años después, en un rejuvenecimiento considerable de la sociedad estadounidense, que provocará los trastornos sociales de los años sesenta y setenta.

LA ENTRADA EN UN MUNDO BIPOLAR

Entre enero y agosto de 1945, las potencias aliadas (Estados Unidos, Unión Soviética y Gran Bretaña) se reúnen en cumbres internacionales para redibujar el mapa de Europa y organizar la paz entre las naciones. En la Conferencia de Yalta (febrero de 1945), los estadounidenses, los rusos y los soviéticos se ponen de acuerdo en el programa a seguir para configurar las relaciones internacionales después de la guerra y para castigar a los enemigos alemanes y japoneses. En junio de 1945, en la Conferencia de San Francisco, los Aliados firman la Carta de las Naciones Unidas, que da lugar a la creación de la ONU. En Potsdam, unos meses más tarde, Truman aparece por primera vez en la escena internacional.

Foto tras la Conferencia de Potsdam, con Clement Attlee, Viacheslav Molotov, Harry S. Truman, James F. Byrnes, Ernest Bevin, William D. Leahy e Iósif Stalin.

Pero, aunque Alemania ha capitulado, Japón y los Estados Unidos siguen en guerra en el océano Pacífico. Entonces, para precipitar el final del conflicto, Harry S. Truman decide utilizar por primera vez la bomba nuclear sobre Japón.

Alemania, por su parte, es dividida entre los principales Estados vencedores:

- los Estados Unidos, Gran Bretaña y Francia administran el oeste del país,
- mientras que los soviéticos ocupan el este.

Originalmente, el objetivo de este reparto es la desnazificación del país y la reconstrucción de un Estado unificado y democrático.

La desnazificación

La desnazificación designa el proceso de eliminación del nazismo y de reeducación de la población alemana establecido por los ocupantes de Alemania entre 1945 y 1949. Sin embargo, los estadounidenses, los británicos, los franceses y los rusos tienen concepciones diferentes de lo que se debe hacer. En la práctica, estas medidas realmente importunan a pocos alemanes. Al principio del proceso, varios miles de alemanes son despedidos y procesados. Sin embargo, la entrada en la Guerra Fría en 1947 marca un punto de inflexión en la concepción de Alemania.

Para los occidentales, Alemania se convierte en un actor al que hay que modernizar rápidamente. Esto implica el funcionamiento óptimo de la administración. Sin embargo, los que ocupan las funciones más importantes durante la guerra son antiguos miembros del Partido Nazi. Por consiguiente, a partir de 1949, la desnazificación se convierte más en una política de reintegración de los antiguos funcionarios nazis. Por su parte, los máximos dignatarios son juzgados por el Tribunal Internacional de Núremberg entre el 20 de noviembre de 1945 y el 30 de septiembre de 1946. Sin embargo, algunas de las figuras más importantes del nazismo como Adolf Hitler (1889-1945), Heinrich

Himmler (1900-1945) y Josef Paul Goebbels (1897-1945) se suicidan, escapando así a la justicia internacional.

La situación de esta Alemania dividida, en la que conviven dos modelos político-económicos totalmente opuestos, rápidamente se convierte en una fuente de tensiones que se intensifican entre las dos partes. Las relaciones entre los Aliados de la Segunda Guerra Mundial se deterioran especialmente en Berlín, una ciudad situada en la zona soviética pero administrada en parte por los occidentales.

LA GUERRA FRÍA

Cuando acaba la guerra, las primeras señales de una expansión soviética en Europa y en Asia preocupan a los Estados Unidos y a Gran Bretaña. Para los británicos en particular, Iósif Stalin (estadista soviético, 1878/1879-1953) no cumple con sus compromisos cuando decide ampliar su zona de influencia hacia el oeste (Polonia) y mantener a sus tropas en zonas libres (Irán). La amenaza se intensifica por la presencia en Europa de partidos comunistas poderosos y por las dificultades económicas a las que se enfrenta el Viejo Continente para llevar a cabo su reconstrucción. Estadounidenses y británicos ven en esta situación un contexto propicio para la invasión del comunismo en Europa.

Por su parte, los soviéticos están preocupados por la omnipotencia estadounidense en el ámbito militar y económico. Además, no aceptan que se cuestionen los acuerdos territoriales concertados anteriormente, y perciben la zona de influencia estadounidense como una amenaza de expansión del capitalismo que no podrían consentir. Pero, aunque los soviéticos buscan mantener su influencia en Eurasia, sin duda no se arriesgarían a provocar militarmente a los Estados Unidos, que poseen el arma nuclear. Sin embargo, no dudan en apoyar rebeliones comunistas en los países donde sus intereses están en juego (Turquía, Grecia). En estas condiciones, se establece un clima de miedo mutuo a medida que fracasan las negociaciones para concertar la paz entre las naciones.

El año 1947 marca el inicio oficial de la Guerra Fría. Para los Estados Unidos, que creen que el comunismo se extiende continuamente en el mundo, es esencial frenar su expansión. Siguiendo esta lógica, deciden intervenir en el plano económico, militar y cultural en Europa y Asia para asegurar el avance del mundo libre. Estas ayudas deben permitir la reconstrucción y el establecimiento de la paz social en los países del sur y el oeste de Europa. Para garantizar el cumplimiento de estas nuevas misiones con el mayor secretismo, la administración Truman se dota de un órgano de inteligencia permanente, la Central Intelligence Agency (CIA), conocida en español como Agencia Central de Inteligencia, que incluye también un componente de acción psicológica y de propaganda. Los soviéticos lo ven como una terrible afrenta y responden con la creación en Moscú de la Kominform, el órgano que controla la acción de los partidos comunistas en Europa. Entonces, todas las relaciones diplomáticas entre los antiguos aliados se rompen, y entre ambos bandos surge una confrontación ideológica. En 1948, dos acontecimientos están a punto de provocar la entrada de las dos potencias en un conflicto armado:

- el «Golpe de Praga», en el que se produce la imposición de un gobierno comunista en Checoslovaquia por parte de los soviéticos;
- el bloqueo de Berlín, con el bloqueo de la capital alemana por parte de los soviéticos y el establecimiento de un puente aéreo por parte de los occidentales para acceder a ella.

El año 1949 es decisivo para el futuro de las relaciones internacionales:

- China se vuelve comunista y pronto se alía con la URSS (febrero de 1950);
- la URSS lleva a cabo con éxito su primera prueba nuclear;
- bajo los auspicios de los Estados Unidos, se crea la OTAN, una alianza militar internacional;
- Alemania es dividida en dos Estados: la RFA (Alemania Occidental) y la RDA (Alemania Oriental).

La creación de la OTAN el 4 de abril de 1949 le ofrece a Europa una garantía de apoyo militar estadounidense inmediato en caso de agresión soviética. Para los Estados Unidos, la organización permite encuadrar sus fuerzas militares en el territorio europeo. En un clima internacional reconfigurado y tenso debido a la fragilidad del equilibrio nuclear, la Guerra Fría pronto se convierte en una carrera armamentística frenética entre rusos y estadounidenses que tomará una forma real durante la guerra de Corea (1950- 1953).

Poco a poco, la guerra de las ideas se vuelve económica y

tecnológica. Ahora, lo que desalienta a las potencias de la idea de combatir es el miedo a una destrucción mutua asegurada. Para luchar en igualdad de condiciones, conciben y fabrican armas cada vez más destructivas y tecnológicamente avanzadas.

La muerte de Stalin, coincidiendo con la retirada de Truman de la vida política estadounidense, cierra la fase más intensa de la Guerra Fría, durante la que la posibilidad de un conflicto armado era muy real.

MOMENTOS CLAVE

EL PAPEL DEL PRESIDENTE

Las circunstancias de su llegada a la presidencia animan lógicamente a Harry S. Truman a alargar las medidas adoptadas por su predecesor, Franklin Roosevelt. Aunque Truman dispone de competencias reconocidas en el ámbito socioeconómico, está muy poco preparado para las relaciones internacionales, ya que Roosevelt voluntariamente lo mantenía alejado de los asuntos militares y diplomáticos. Dada la urgencia de la situación internacional y las reivindicaciones sociales, Truman quiere rodearse de personas en las que confía plenamente y que le ayudarán a tomar las decisiones correctas. Asimismo, busca calmar la opinión pública y elige a sus colaboradores en este sentido.

Gracias al fortalecimiento del aparato estatal, Truman consigue modernizar e incrementar todavía más el papel y la regulación de la función presidencial y conferirle gradualmente una influencia decisoria en el Congreso. En primer lugar, reorganiza su entorno directo y designa a funcionarios encargados de representarle en algunas materias, lo que le permite ser omnipresente y, por tanto, ineludible. La acción del presidente y de su administración ahora está supervisada por un Estado Mayor encabezado por sus asesores más cercanos. Asimismo, se crean nuevos organismos, como un Consejo de Asesores Económicos en 1946, responsable de servir al presidente e informar al Congreso acerca de la situación económica del país. En 1947, el Consejo de Seguridad Nacional da a luz a la CIA, una agencia de inteligencia «independiente» cuyo papel será particularmente crucial en la guerra secreta y psicológica que mantendrán los Estados Unidos y la Unión Soviética. Si en 1945 el séquito de Truman en la Casa Blanca era muy reducido, en 1952 está formado por 285 personas.

LA ERA ATÓMICA

La primera decisión política capital de Harry S. Truman es la de poner fin al conflicto entre los Estados Unidos y Japón, en un momento en el que el estallido de las armas ha cesado en Europa. Truman es informado del Proyecto Manhattan solamente diez días después de la muerte de Roosevelt, es decir, a finales de abril de 1945. Este programa estadounidense de logros científicos y técnicos desarrollado durante la Segunda Guerra Mundial tiene como objetivo la construcción de bombas atómicas enriquecidas con uranio-235 y con plutonio. El físico estadounidense Albert Einstein (1879-1955) es quien, en 1939, informa a Franklin Roosevelt de los trabajos realizados por científicos alemanes sobre la fisión nuclear y la posibilidad de utilizarlos en la elaboración de armas de destrucción masiva. A partir de 1943, los científicos estadounidenses y europeos más prominentes se reúnen en secreto para desarrollar la bomba atómica. El 16 de julio de 1945, antes de la Conferencia de Potsdam, se realiza con éxito una primera explosión de ensayo en la base aérea de Alamogordo, en el Estado desértico de Nuevo México.

En este momento preciso, algunos informes de las máximas instancias militares de los Estados Unidos anuncian que la guerra que los enfrenta contra Japón será larga, costosa y mortífera para el país, incluso con la ayuda prometida por la URSS. Según la administración Truman, la amenaza de un ataque nuclear contra Japón puede obligarlo a poner fin a la guerra. En ese momento Truman, que tiene prisa para hacer frente a los problemas socioeconómicos de los Estados Unidos, no tiene ningún interés en continuar la guerra, excepto el de castigar a Japón. Entonces, manda un ultimátum a Hirohito (emperador japonés, 1901-1989) en el que le impone una rendición incondicional. Pero el emperador lo rechaza, y Truman aprueba el lanzamiento de un ataque nuclear sobre la península nipona. El 6 y el 9 de agosto de 1945, la aviación estadounidense bombardea las ciudades de Hiroshima y Nagasaki, causando 200 000 víctimas. Ante este acto terriblemente mortífero, Japón se rinde el 14 de agosto. Así pues, el ataque pone fin a la Segunda Guerra Mundial y lleva al mundo a una era nuclear que simbolizará la lógica de los bloques durante la Guerra Fría. La posesión de esta nueva arma pronto se convertirá en el desafío último para cada una de las potencias.

Mediante esta decisión trascendental, el presidente Truman desvela al mundo la superpotencia militar de los Estados Unidos y el carácter infalible de su determinación. Algunos dicen que tenía que permitir evitar que los soviéticos participaran en el esfuerzo y se expandieran en la región. Aunque hoy en día este episodio sigue siendo uno de los mayores crímenes del siglo XX, en ese momento era necesario a ojos del presidente Truman, sobre todo para salvar la vida de cientos de miles de soldados embarcados en una guerra sin fin.

LA DIFÍCIL ESTABILIZACIÓN DE LA ECONOMÍA (1945-1949)

Tras la rendición de Japón, el objetivo principal para el presidente es la reconversión de la economía de los Estados Unidos. Con el fin de los combates y la pérdida de los contratos militares, Truman se enfrenta a un dilema socioeconómico: defender una masa obrera que quiere conservar su poder adquisitivo, los numerosos soldados sin perspectivas de futuro impacientes por volver al país o una patronal con la voluntad de aprovechar al máximo la fuerte demanda existente después de la guerra. Entonces, Harry S. Truman opta por seguir una política intervencionista con el fin de satisfacer a la mayoría.

El 6 de septiembre de 1945, Harry S. Truman presenta ante el Congreso un programa con 21 puntos centrado en la reactivación de la economía y el bienestar social. De esta manera, el presidente quiere dar continuidad a varias medidas del New Deal de Franklin Roosevelt y añadir algunas medidas propias, sobre todo para luchar contra el paro y la miseria social, apoyar el empleo, el consumo, el gasto y el acceso de los ciudadanos a la atención sanitaria. Asimismo, quiere mantener el control sobre los precios.

Este intervencionismo se aplica inicialmente a los millones de soldados que regresan en 1945 y 1946. Para evitar una crisis social, Truman aplica el G.I. Bill of Rights, un texto jurídico firmado en 1944 por Franklin Roosevelt que autoriza al Estado a realizar una intervención financiera con los combatientes, concediéndoles un trabajo en la administración o fondos para montar una pequeña empresa, iniciar estudios o construir una vivienda. Estas medidas van a resultar muy eficaces para la recuperación de ciertos sectores de la economía. Durante los años de posguerra, se estima que cerca de 8 millones de veteranos vuelven a estudiar, y los otros directamente encuentran un trabajo y disfrutan de las bonificaciones para la construcción. Pronto, todos pasan a formar parte de la nueva clase media estadounidense.

Sin embargo, la mayor parte del programa de Truman se encuentra con las reticencias del Congreso, así como con la feroz oposición de la patronal y de algunos grupos de presión. Buscando en particular evitar una inflación galopante desastrosa para el consumo de aquellos con menores ingresos, el presidente quiere continuar controlando los precios de los bienes corrientes. Esta limitación provoca un déficit evidente para los productores, que congelan los salarios de los trabajadores. La negativa de los conservadores a alargar el periodo de control de los precios marca el final de la economía planificada y, a finales de 1945, el precio de los alimentos aumenta. En los entornos obreros, algunos poderosos sindicatos se levantan contra el fuerte aumento del coste de la vida de los obreros y contra la patronal que se niega a aumentar los salarios. El país se ve asolado por huelgas masivas en el sector de la minería, la metalurgia y los transportes, causando 116 millones de días de interrupción del trabajo (si multiplicamos el número de días de huelga por el número de huelguistas), registrados durante el año 1946. Presionado por la oposición republicana, pero sobre todo por la parálisis total de la economía estadounidense, Truman responde con firmeza. Incauta las minas y los ferrocarriles. Contra los trabajadores del ferrocarril, aprueba una ley con la que el Estado puede despedir a los huelguistas y alistarlos en el ejército, que acaba con el movimiento. La huelga de los mineros, por su parte, termina en diciembre de 1946, cuando el estadounidense John Llewellyn Lewis (1880-1969), líder sindicalista comunista y principal organizador de los acontecimientos, es juzgado y condenado a una multa de 10 000 dólares. El sindicato de los mineros también tiene que pagar 3,5 millones de dólares en concepto de daños y perjuicios por haber bloqueado la economía de los Estados Unidos durante varias semanas.

Las dificultades por las que pasa el presidente para establecer una política coherente después de la guerra constituyen un golpe de suerte para los republicanos: esta situación conduce a una victoria aplastante de su partido en las elecciones legislativas de noviembre de 1946. El futuro político de Truman se ve seriamente comprometido, puesto que durante dos años el presidente debe tratar de conseguir que se adopten medidas con finalidades sociales ante una asamblea mayoritariamente opuesta a su política. El presidente también intenta vetar las leyes aprobadas por el Congreso que desaprueba, pero una mayoría de los dos tercios en las asambleas no le permite hacerlo.

LA DOCTRINA TRUMAN Y EL PLAN MARSHALL (1947-1948)

La política de Harry S. Truman en materia de asuntos exteriores marca un punto de inflexión muy importante en la historia de los Estados Unidos, cuyos efectos son perceptibles todavía hoy en día.

Del mismo modo que Franklin Roosevelt lo hizo antes que él, Truman busca en un primer momento no ofender a los soviéticos en sus reivindicaciones. Sin embargo, los servicios de inteligencia de los Estados Unidos alertan desde 1945 del peligro que puede suponer un avance de la Unión Soviética en Europa para consolidar su área de influencia y lograr la recuperación de su propia economía. Además, algunos informes diplomáticos hablan de la propaganda antiestadounidense que existe en el otro lado del telón de acero. Estos elementos, así como las recientes maniobras de Stalin, incitan a Truman a endurecer su política hacia la Unión Soviética.

A finales de 1946, después de la victoria republicana en las elecciones, el presidente se encuentra en una posición complicada. Sabe que solo un fuerte cambio en su política puede permitirle reactivar su carrera. En febrero de 1947, el primer ministro británico Clement Attlee (1883-1967) comunica a Harry S. Truman que ya no puede asistir a los realistas griegos en la guerra que los enfrenta contra el Partido Comunista griego y que pronto quiere retirar sus tropas. Para Truman, se trata de una terrible revelación de la pérdida de poder de Gran Bretaña y del peligro de que los soviéticos tomen el control en una región particularmente estratégica. Grecia y Turquía, en efecto, son baluartes realmente valiosos contra el avance comunista hacia el golfo Pérsico, donde se extrae el petróleo. En este contexto, George Frost Kennan (diplomático estadounidense, 1904-2005) desarrolla la práctica de la «contención». Para los Estados Unidos, se trata de prestar ayuda militar y financiera a los territorios que se sitúan en su zona estratégica y reforzarlos. Así, Truman le pide al Senado una ayuda de 400 millones de dólares para proporcionar apoyo militar a Grecia y Turquía. Después de largos debates, se acepta la solicitud. La decisión de intervenir militarmente en Europa es crucial para el futuro del país: rompe radicalmente con la política aislacionista tradicionalmente aplicada por los Estados Unidos hasta ese momento, y guiará la política internacional estadounidense durante toda la Guerra Fría.

En enero de 1947, Truman nombra secretario de Estado al general George Catlett Marshall (1880-1959). Este anticomunista virulento sustituye a James Francis Byrnes (1882-1972), que Truman considera demasiado blando con Moscú. Durante su participación en el Consejo de Ministros de Asuntos Exteriores en Moscú en abril de 1947, George Catlett Marshall se da cuenta de que la miseria que prevalece en Europa puede propiciar una dominación comunista. Entonces, cuando acaba de regresar a Washington, desarrolla un plan para ayudar a la reconstrucción de Europa que lleva su nombre y que se pone en marcha en junio de 1947. En concreto, los Estados Unidos proponen transferencias de dinero a todos los países de Europa, así como a la URSS y sus satélites, para que lleven a cabo su reconstrucción. Pero el ministro ruso de Asuntos Exteriores, Viacheslav Molotov (1890-1986), rechaza categóricamente esta «ayuda» para la Unión Soviética y para los países de Europa del Este, considerándola una forma de imperialismo estadounidense. Con todo, muchos otros países la aceptan, y unos 13 000 millones de dólares se distribuyen entre 16 naciones situadas en el oeste y el sur de Europa. Para los Estados Unidos, este apoyo financiero permitirá la contención del comunismo, pero también asegurará el gasto de su producción industrial y la difusión de su modelo cultural en Europa.

LA CONTENCIÓN DEL COMUNISMO EN COREA

La guerra de Corea constituye la forma de contención más violenta de la era Truman. El 25 de junio de 1950, estalla un conflicto armado entre Corea del Norte, bajo administración soviética, y Corea del Sur, bajo dominio de los Estados Unidos. Para respetar su programa de contención del comunismo, Harry S. Truman toma la decisión de apoyar militarmente a los surcoreanos y de importar armas y equipamiento militar en el país. El Consejo de Seguridad de la ONU también condena lo que se percibe como una agresión comunista y apoya Corea del Sur. El general Douglas MacArthur (1880-1964) recibe el mando de las tropas de la ONU compuestas principalmente por militares estadounidenses.

Durante más de dos años, ambos bandos luchan para finalmente neutralizarse a la altura de la frontera inicial el 27 de julio de 1953. Este conflicto constituye un momento crucial en la historia de la Guerra Fría y de los Estados Unidos:

• provoca el establecimiento de una nueva economía de guerra para los Estados Unidos. Al igual que durante la Segunda Guerra Mundial, el país recupera el pleno empleo y el PIB se eleva de nuevo. Pero las reformas sociales que Truman quería implementar —en el ámbito de la atención sanitaria, de la educación y de la segregación— se abandonan en favor del rearme;

- conduce a la reconciliación entre los Estados Unidos y Japón, pero especialmente le deja claro a la URSS que los estadounidenses están dispuestos a luchar contra cualquiera que amenace su área de influencia.

LA CAMPAÑA DE 1948

En vista del éxito de los republicanos en las elecciones de 1946, el partido considera que las elecciones presidenciales de 1948 son una simple formalidad. Además, las previsiones electorales pronostican una victoria aplastante para el gobernador de Nueva York, Thomas Edmund Dewey (1902-1971).

Pero, mientras todos creen que perderá, poco más de un mes antes de las elecciones, el presidente Truman sorprende a sus oponentes con una campaña muy eficaz. Decide centrar su programa en la defensa de los oprimidos y en la oposición a la gran patronal. Así, se erige como el presidente de la América «media» y se atreve a posicionarse en contra de la segregación racial, mientras que varios estados del sur antiguamente esclavistas votan tradicionalmente a los demócratas. También afirma su fuerte voluntad anticomunista. Para desestabilizar a los republicanos, Truman utiliza su sentido de la precisión metódica y su conocimiento profundo de las cifras para denunciar la incoherencia de la política de sus oponentes y poner de relieve las afirmaciones inexactas formuladas por su adversario.

Ya durante la campaña de 1944 junto a Franklin Roosevelt, Harry S. Truman había puesto de relieve la importancia de fortalecer los derechos de las minorías, especialmente los de las mujeres y los afroamericanos, en el mundo del trabajo y el ejército. La administración Truman también permite que muchas mujeres encuentren trabajo. En cuanto a la lucha contra la segregación, Truman a menudo se muestra indignado por la violencia perpetrada contra los militares negros de vuelta en los estados del sur. Durante su mandato, es el primer presidente de los Estados Unidos que entra en contacto con los representantes negros que luchan por sus derechos civiles.

Todo esto permite que Truman gane las elecciones.

EL MACARTISMO

Durante el segundo mandato de Truman, la lucha contra el comunismo adquiere proporciones totalmente desmesuradas. Ya en 1946, Truman había establecido una comisión encargada de investigar las tendencias políticas de los funcionarios estadounidenses. Su objetivo era simple: echar de la administración a los totalitaristas, fascistas y comunistas. Decidido a continuar por este camino, renueva el mandato de John Edgar Hoover (1895-1972), jefe del FBI, que investiga por todos los medios —legales o no— las tendencias (en especial políticas y sexuales) de los ciudadanos de los Estados Unidos. El Congreso, dominado por los republicanos, también lleva a cabo investigaciones sobre los comunistas.

La detención de miembros influyentes de la política de los Estados Unidos bajo sospecha de tener vínculos con los soviéticos origina una gran desconfianza en el seno de la sociedad estadounidense. Pronto, aparece la idea de que hay una conspiración comunista en los más altos niveles del poder, provocando una especie de histeria colectiva. Perseguirlos se convierte en una necesidad para todos. Entonces, en 1950, eludiendo el veto de Harry Truman, el Gobierno aprueba la Ley de Seguridad Interna (en inglés, Internal Security Act o McCarran Act), que amplía los poderes de Hoover para perseguir a los comunistas en la Administración. Un clima de desconfianza y recelo se instala entonces en los Estados Unidos.

Los republicanos aprovechan esta nueva coyuntura favorable para hacer campaña, y el senador Joseph McCarthy (1908-1957) arrastra al país hacia una verdadera inquisición. Una caza de brujas gigantesca tiene lugar entonces para perseguir a los comunistas en todos los niveles de la sociedad. Los círculos de izquierdas, por supuesto, son los primeros en ser investigados y, en esta América profundamente conservadora, el senador crea amalgamas: se persigue a los intelectuales, los artistas, los negros, los judíos, los científicos, los sindicalistas y los extranjeros. Circulan listas negras y se produce un gran número de delaciones. El punto culminante de este período se alcanza el 5 de abril de 1951, cuando Julius (1918-1953) y Ethel Rosenberg (1915-1953), una pareja de ingenieros judíos, son condenados a muerte por haber entregado supuestamente datos científicos a los comunistas. Asimismo, algunas grandes figuras del cine como Charles Chaplin (1889-1977), Jules Dassin (1911-2008) o Joseph Losey (1909-1984) se ven obligadas a abandonar el país por estar bajo sospecha de tener relación con el Partido

Comunista de los Estados Unidos.

Este clima de terror persiste durante cuatro años. Pero, cuando los republicanos retoman las riendas del poder, el propio senador es expulsado por sus superiores. En ese momento, la política de Truman está especialmente en el punto de mira. Aunque es él quien se encuentra detrás de esta tendencia, desestabilizado por sus excesos, decide abandonar definitivamente la escena política y ya no se vuelve a presentar a las elecciones.

REPERCUSIONES

Las contribuciones sociales, políticas, económicas y culturales de Truman lo han convertido en objeto de amplios debates, y han surgido diferentes corrientes de pensamiento para interpretar estos primeros años de la posguerra. En el momento en el que abandona el poder en 1953, es uno de los presidentes más odiados de la historia de los Estados Unidos. Sin embargo, la retrospectiva ha ayudado a evaluar mejor y a juzgar de forma más imparcial las decisiones adoptadas en esa época. En medio de la agitación social y económica que caracteriza a los Estados Unidos de los setenta y los ochenta, muchos observadores incluso han devuelto a Truman la reputación de uno de los grandes presidentes de los Estados Unidos del siglo XX.

TRUMAN Y LA POLÍTICA INTERNACIONAL DE LOS ESTADOS UNIDOS

Harry Truman es quien pone fin a la política aislacionista que tradicionalmente llevan a cabo los Estados Unidos. En 1945, considera con la mayor seriedad la amenaza que representa la Unión Soviética sobre la influencia política y militar en el mundo y embarca plenamente a su país en una lucha ideológica. Su política de contención del comunismo tiene efectos inmediatos y permite que los Estados Unidos impongan un modelo económico y cultural en Europa occidental y en Asia, cuya influencia todavía hoy sigue siendo palpable. Mediante el Plan Marshall, Truman entiende el papel potencial que los Estados Unidos podían desempeñar en la reconstrucción de Europa.

Cuando el ejército de los Estados Unidos pasa a participar en la Guerra Fría, en 1947, Harry S. Truman logra estimular el crecimiento del producto nacional bruto desarrollando el complejo militar-industrial que es la base del crecimiento económico estadounidense.

Hoy en día, los Estados Unidos siguen a la cabeza de instituciones internacionales creadas bajo la era Truman —como la OTAN o la ONU— y, aunque el enemigo ya no es el comunismo sino el terrorismo internacional, la intervención de los Estados Unidos en Afganistán en 2001 es el resultado de una táctica de contención.

LOS ASUNTOS INTERNOS

Durante su segundo mandato, mientras restablece una mayoría demócrata en el Congreso, Truman logra que se aprueben algunas leyes importantes destinadas a mejorar el nivel de vida de los estadounidenses más desfavorecidos, sobre todo aumentando el salario mínimo y ampliando la seguridad social.

Aunque lo tenía todo para convertirse en un presidente poco favorable a la lucha contra la segregación, el impacto de Truman en los derechos civiles es importante. En 1946, establece un comité sobre los derechos civiles encargado de adoptar medidas decisivas para mejorar el destino de la comunidad negra. Esta asamblea está detrás de medidas para prohibir la segregación racial en la sociedad estadounidense. Asimismo, Truman también es el primer presidente que contacta con la Asociación Nacional para el Progreso de la Gente de Color (en inglés, NAACP, de National Association for the Advancement of Coloured People). Incluso si abandona su programa de eliminación de la segregación debido a la política de rearme adoptada al inicio de la guerra de Corea, su acción a favor de los derechos civiles es una primicia en la historia de los Estados Unidos. Mediante sus discursos y las instituciones que establece, consigue sensibilizar al pueblo estadounidense sobre este tema.

CRÍTICAS Y CONTROVERSIAS

El balance político de Truman evidentemente incluye muchas sombras, empezando por el ataque nuclear sobre Hiroshima y Nagasaki, que hoy en día sigue siendo uno de los mayores crímenes de guerra cometidos en el siglo XX.

El macartismo también se puede asimilar a la política de Truman, que en el plano interno no es capaz de dominar los efectos de un discurso maniqueo contra el comunismo dirigido ante todo contra el exterior.

Finalmente, parece que el mayor reto del presidente fue el de intentar salvar desafíos difíciles de conciliar en el plano interno y externo. Pero las críticas de hoy ciertamente no pueden pasar por alto el contexto extremadamente difícil en el que se desarrollaron los mandatos de Truman.

EN RESUMEN

1884
8 may.: nacimiento de Harry S. Truman

1941
Entrada en guerra de los Estados Unidos

1945
12 abr.: **investidura como 33.° presidente
de los Estados Unidos**
6 y 9 ag.: bombardeo de Hiroshima y Nagasaki

1947
Inicio de la Guerra Fría

1949
20 en.: segunda investidura
4 abr.: creación de la OTAN

1950
25 jun.: inicio de la guerra de Corea

1953
20 en.: **investidura de Dwight David Eisenhower**

1972
26 dic.: fallecimiento

- Harry S. Truman nace el 8 de mayo de 1884 en una familia de agricultores de Misuri.
- Entra en política con 38 años y se convierte en administrador del condado de Jackson por el Partido Demócrata.
- En 1934, es elegido senador del estado de Misuri y se traslada a Washington.
- En julio de 1944, Harry S. Truman es nombrado vicepresidente y hace campaña junto a Franklin Roosevelt.
- El 12 de abril de 1945, se convierte en el 33.º presidente de los Estados Unidos tras la muerte de Franklin Roosevelt.
- En agosto de 1945, para poner fin a la Segunda Guerra Mundial, permite el bombardeo nuclear de las ciudades japonesas de Hiroshima y Nagasaki.
- En 1947, la Doctrina Truman y el Plan Marshall ocupan los inicios de la Guerra Fría contra la Unión Soviética.
- En 1948, contra todos los pronósticos y gracias a la fuerza de su determinación, Harry Truman es reelegido a la presidencia de los Estados Unidos.
- El 4 de abril de 1949, firma el Pacto del Atlántico Norte, con el que se produce la creación de la OTAN.
- Truman, fiel a su política de contención, involucra el 25 de junio de 1950 al ejército de los Estados Unidos en la guerra de Corea.
- En enero de 1953, en pleno macartismo, Harry Truman se retira de la política bajo las críticas del mundo político estadounidense.
- Hasta los años setenta y ochenta no será rehabilitado como uno de los más grandes presidentes estadounidenses del siglo XX.

PARA IR MÁS ALLÁ

FUENTES BIBLIOGRÁFICAS

- Bernatchez, Jean-Claude. 2006. *Vers une transformation des relations industrielles en Amérique du Nord*. Montreal: Presses de l'Université du Québec.
- Berstein, Serge y Pierre Milza. 2005. *Histoire du XXe siècle. 1945-1973*, tomo 2. París: Hatier.
- Defty, Andrew. 2007. *Britain, America and Anti-Communist Propaganda, 1945-1953. The Information Research Department*. Londres: Routledge.
- Friedman, Georges. 2012. *Le travail en miettes. Spécialisation et loisirs*. Bruselas: Éditions de l'Université Libre de Bruxelles.
- Galbraith, John Kenneth. 1968. *Le nouvel État industriel. Essai sur le système économique américain*. París: Gallimard.
- Geselbracht, Raymond H. 2007. *The Civil Rights Legacy of Harry S. Truman*. Kirksville: Truman State University Press.
- Gottman, Jean. 1946. "L'essor des États-Unis et l'économie d'après-guerre". *Annales, Économies, Sociétés, Civilisation*, vol. 1, n.° 2, 97-115.
- Harter, Hélène y André Kaspi. 2012. *Les présidents américains: de Washington à Obama*. París: Tallandier.
- Harry S. Truman Library & Museum. Consultado el 22 de mayo de 2017. https://www.trumanlibrary.org/
- Hasegawa, Tsuyoshi. 2014. *Staline, Truman et la capitulation du Japon. La course à la victoire*. Bruselas: Éditions de l'Université Libre de Bruxelles.

- Hechler, Ken. 1996. *Working with Truman. A Personal Memoir of the White House Years*. Misuri: University of Missouri Press.
- Hobsbawm, Eric John. 2003. *L'âge des extrêmes. Histoire du court XXe siècle*. Bruselas: Complexe.
- Jenkins, Roy. 1986. *Truman*. Londres: Collins.
- Kaspi, André. 2008. *Les Américains. Les États-Unis de 1945 à nos jours*, tomo 2. París: Seuil.
- Lacey, Michael James. 1989. *The Truman Presidency*. Cambridge: Cambridge University Press.
- Mélandri, Pierre y Jacques Portes. 1991. *Une histoire intérieure des États-Unis au XXe siècle*. París: Masson.
- Mélandri, Pierre. 2008. *Histoire des États-Unis contempo-rains*. París: André Versaille éditeur.
- Mourre, Michel. 1996. *Dictionnaire encyclopédique d'histoire nouvelle*. París: Bordas.
- Orban, Edmond. 2001. *Le système politique américain*. Montreal: Presses de l'Université de Montréal.
- Perspective monde, "États-Unis". Consultado el 22 de mayo de 2017. http://perspective.usherbrooke.ca/bilan/pays/USA/fr.html
- Rouger, Jean-Robert y Michel Antoine. 1995. *L'anticommunisme aux États-Unis de 1946 à 1954*. París: Presses universitaire de Paris-Sorbonne.
- Spaak, Paul Henri. 1969. *Combats inachevés. De l'espoir à la déception*, tomo 2. París: Fayard.
- The American Presidency Projet. Consultado el 22 de mayo de 2017. http://www.presidency.ucsb.edu
- Truman, Harry S. 1955. *Memoirs. 1945: Year of Decision*, tomo 1. Nueva York: Doubleday and Company.
- Truman, Harry S. 1956. *Memoirs. 1946-1952: Years of Trial*

and Hope, tomo 2. Nueva York: Doubleday and Company.
- US Departement of State. Office of the Historian. Consultado el 22 de mayo de 2017. http://history.state. gov
- Zinn, Howard. 2002. *Une histoire populaire des États-Unis de 1492 à nos jours*. Marsella: Agone.

FUENTES ICONOGRÁFICAS

- Retrato de Harry S. Truman. La imagen reproducida está libre de derechos.
- Retrato de Harry S. Truman cuando tenía 13 años. La imagen reproducida está libre de derechos.
- Harry S. Truman en uniforme militar. La imagen reproducida está libre de derechos.
- Cartel de Franklin D. Roosevelt y Harry S. Truman para las elecciones de 1944. La imagen reproducida está libre de derechos.
- Foto tras la Conferencia de Potsdam, con Clement Attlee, Viacheslav Molotov, Harry S. Truman, James F. Byrnes, Ernest Bevin, William D. Leahy e Iósif Stalin. La imagen reproducida está libre de derechos.

PELÍCULA

- *Buenas noches, y buena suerte.* Dirigida por George Clooney, con David Strathairn, George Clooney y Robert Downey Jr. Estados Unidos: Warner Independent Pictures, 2929 Entertainment y Participant Productions, 2005.